संजीव कौशल

संजीव कौशल का जन्म 23 नवम्बर, 1977 को उत्तर प्रदेश, अलीगढ़ के अकराबाद गाँव में हुआ। 'उँगलियों में परछाइयाँ' तथा 'घर ख़्वाबों से बनता है' शीर्षक से दो कविता-संग्रह प्रकाशित और चर्चित। महत्त्वपूर्ण पत्र-पत्रिकाओं में कविताएँ, लेख तथा समीक्षाएँ प्रकाशित। विश्व-साहित्य के महत्त्वपूर्ण कवियों की कविताओं के अनुवाद 'उम्मीद' में प्रकाशित। हिन्दी के वरिष्ठ कवि नरेश सक्सेना की कविताओं का अंग्रेजी में अनुवाद। जर्मन कविता के पूरे विकास क्रम को दिखाता कविताओं के अनुवाद का संग्रह 'ख़्वाहिश है नामुमकिन की' और ऑस्ट्रियाई कविताओं के अनुवाद का संग्रह 'नवम्बर की धूप' शीर्षक से प्रकाशित। 'मलखान सिंह सिसोदिया पुरस्कार' (2017) से सम्मानित।

सम्प्रति : प्रोफ़ेसर, अंग्रेज़ी विभाग, इन्दिरा गांधी शारीरिक शिक्षा एवं खेल विज्ञान संस्थान, दिल्ली विश्वविद्यालय।

ई-मेल : sanjeevkaushal23@gmail.com

फूल तारों के डाकिए हैं

संजीव कौशल

लोकभारती पेपरबैक्स

लोकभारती पेपरबैक्स में
पहला संस्करण : 2025

लोकभारती पेपरबैक्स : उत्कृष्ट साहित्य के लोकप्रिय संस्करण

लोकभारती प्रकाशन
पहली मंजिल, दरबारी बिल्डिंग, महात्मा गांधी मार्ग
प्रयागराज-211 001
द्वारा प्रकाशित

शाखाएँ : 1-बी, नेताजी सुभाष मार्ग, दरियागंज, नई दिल्ली-110 002
अशोक राजपथ, साइंस कॉलेज के सामने, पटना-800 006
1, अनमोल सोराबजी सन्तुक लेन, धोबी तलाव, मरीन लाइंस, मुम्बई-400 002

वेबसाइट : www.lokbhartiprakashan.com
ई-मेल : info@lokbhartiprakashan.com

विकास कंप्यूटर एंड प्रिंटर्स
ट्रॉनिका सिटी-201 102
द्वारा मुद्रित

मूल्य : ₹250

PHOOL TAARON KE DAAKIYE HAIN
Poems by Sanjeev Kaushal

ISBN : 978-93-48229-82-3

प्रतिभा के लिए
जिसके होने में जीवन है

क्रम

सैर

एक स्त्री से मैंने कहा
सैर पर जाया करो
स्वास्थ्य अच्छा रहता है

उसने कहा
बच्चे सुबह स्कूल जाते हैं
ये फ़ैक्टरी
मैं ऑफ़िस

चार बजे उठती हूँ
मगर काम नहीं निबटते
घर घेरे रहता है
हिलने ही नहीं देता

घर को सैर पर भेज दो
मैं भी चली जाऊँगी।

सच

मैंने कहा हाँ
उसने कहा ना
मैंने ज़ोर से कहा हाँ
उसकी ना सहम गई
मैंने और ज़ोर से कहा हाँ
उसकी ना बिखर गई

इस तरह
पुरुष की हाँ स्त्री की ना को निगल गई।

ब्रशस्टैंड

लकड़ी के ब्रशस्टैंड में
दो टूथब्रश रखे हैं
एक दूसरे से सटे
एक दूसरे को सहारा देते
साँसों की ताज़गी से भरे हुए

इतने बड़े घर में
यही एक जगह है
जहाँ हम साथ-साथ रहते हैं।

हुनर

उँगलियों से समेट कर
दो बार ऐंठ कर
गोल गोल घेरा बना
बट लेती है वह बालों का जूड़ा
और उँगली के एक इशारे से
पिरो लेती है
खुले बालों के सिरे
जूड़े के भीतर से

बिना बन्धन के
रुके रहते हैं वे

बँधे भी और खुले भी

बाँधने का यह हुनर
कैसे सीखती है स्त्री।

दर्द

अम्मा कहती है
तू सारा दिन खटती है
सबका ख़याल रखती है
सब की गिनती में
ख़ुद को क्यों भुला देती है

सुन, कुछ पल अपने लिए भी रख
ख़ुद से प्यार कर
प्यार से देखभाल कर
औरतों की टीस कोई नहीं सुनता
ख़ुद नहीं सुनेगी तो दर्द में बह जाएगी

अम्मा ने दर्द की बात
जीवन में पहली बार की
सब समझते रहे
अम्मा कभी नहीं थकती
सबके दर्द में अम्मा अपना दर्द क्या कहती

मुझे भी कहाँ ख़बर लगी
कि साँसों के संग अम्मा क्या-क्या पी रही थी।

नहीं

कितना छोटा शब्द है
नहीं!
कितनी छोटी आकांक्षा
कितना मुकम्मल प्रतिरोध
बस, स्त्रियों को इसकी इजाज़त नहीं।

तमन्ना

हमारा मोहल्ला लगभग एक ही था
गली में एक टेड थी बस
जिसमें छुप जाता था उसका दरवाज़ा
मगर छत से
सीधी हो जाती थी टेड
और खुल जाता था रास्ता

गाँव में
लड़के लड़कियाँ दूर ही रहते थे उन दिनों
मगर मानती नहीं थीं उसकी आँखें कोई आदेश
और झुटलाती रहती थी उसकी हँसी सारी बन्दिशें

उससे कभी कोई बात की
याद नहीं
फिर भी न जाने कितनी बातें याद हैं उसकी

स्मृति की खाँच में धँसी है उसकी आवाज़
उसकी शादी याद है
और बहुत पहले
उसके भाई की बताई
ससुराल में उसकी मौत की ख़बर भी

अब भी
जब तब
किसी चिड़िया सी
पेड़ के झुरमुट से
फुर्र हो जाती है उसकी हँसी
कितनी पागल थी वो लड़की
जीने की उसे कितनी तमन्ना थी।

दुख

उसने कहा
जान ही नहीं पाई
कब आप इतना ज़रूरी हो गए

लड़कियाँ पागल होती हैं लड़के ने सोचा
उसने यह भी सोचा
कि लड़के नहीं होते इतने पागल
और पागल न होने के दुख ने उसे घेर लिया।

कठपुतलियाँ

कठपुतले नहीं होते
होती हैं कठपुतलियाँ
उँगलियों के इशारों पे हँसतीं
उँगलियों के इशारों पे रोतीं
उँगलियों के इशारों पे बैठतीं, खड़ी होतीं
सब उँगलियों के इशारों पे करती हैं कठपुतलियाँ
अदृश्य धागों से बँधीं
दूसरों की आवाज़ों में बोलती हैं कठपुतलियाँ
सर हाथ पैर
कुछ भी नहीं होता उनका अपना
यहाँ तक कि ख़ुद भी नहीं होतीं अपनी कठपुतलियाँ

कठपुतलियाँ सुनाती हैं कहानियाँ
दूसरी कठपुतलियों की
कि उनकी कहानियाँ सुनाएँगी
और और कठपुतलियाँ
इस तरह जुड़ी रहती हैं सभी,
सगी बहिनों सी
हमदर्द हम राह कठपुतलियाँ

संस्कृति का अजब नमूना हैं कठपुतलियाँ
परम्पराओं के लिबासों में लिपटीं

परम्पराओं की धुनों पे नाचतीं
स्थायी मुस्कान अपने होंठों पे काढ़े
कभी जब रोती हैं कठपुतलियाँ
तब भी हँसती हँसती रोती हैं कठपुतलियाँ
कठपुतलियों के आँसू नहीं गिरते ज़मीन पर
आँसुओं को औषधि की तरह मल
निखारती हैं वे अपने चेहरे
कि लाज की पोटली होती हैं कठपुतलियाँ

हज़ारों साल पहले दिखी थीं वे पहली बार
परछाइयों के अँधेरों में छुपी हुईं
धर्म की बन्दिशों ने जब
सिल दी थीं सबकी आवाज़ें
कठपुतलियाँ आई थीं आगे
मौत को ललकारती हुईं

अँधेरे उजाले के संवाद में
जारी है खेल कठपुतलियों का

शक्ति के उपासकों को
नियंत्रण का सिद्धान्त समझाता हुआ

कठपुतलियों का नियंत्रण ब्रह्मांड का नियंत्रण है
कैसे नाचते हैं लोग उँगलियों पे
कैसे होती हैं ख़त्म अस्मिताएँ
कि एक साथ कदम ताल करते
कैसे बदल जाते हैं हम मशीनों में
स्वामियों के आदेशों की प्रतीक्षा में सर झुकाए हुए
एक नियम एक क़ानून एक भाषा एक धर्म एक राष्ट्र
सब एक-सा

जैसे एक-से हों चेहरे कठपुतलियों के
एक-सी डोरियों से लटके
कठपुतलियों का खेल दिखाते
मनोरंजन करते हुए।

मैं लिख रहा हूँ

मैं लिख रहा हूँ
और उठ रही हैं सीटियाँ चूल्हे पर
मैं लिख रहा हूँ
कि महक रहे हैं मेरे नथुने, दाल के छौंकों पर
मैं लिख रहा हूँ
कि कब की घूम आई है झाड़ू, सारा घर
मैं लिख रहा हूँ
कि डोल रही हैं बाल्टियाँ इधर से उधर
मैं लिख रहा हूँ
कि झूम रहे हैं कपड़े, झुकी हुई अरघनी पर
मैं लिख रहा हूँ
कि बेल रही है वो दिन, रात भर
मैं लिख रहा हूँ
कि बुन रही है वो, बड़े जतनों से घर
मैं लिख रहा हूँ
कि कितना सुन्दर है लिखना
सुन्दर से कमरे में, सुन्दर पलँग पर
पैर फैलाए, लिख रहा हूँ मैं
कि वो खड़ी है मोड़े हुए अपनी कमर
सँभाले पीठ पर
अनगिनत अनलिखी किलकती कविताओं का
असीम गट्ठर।

ऑनर किलिंग

गला जब घोंटा गया होगा
उसने विरोध तो किया होगा
कुछ तो छटपटाई होगी
मिन्नत की होगी
रिश्तों की दुहाई दी होगी

मगर ढीली नहीं पड़ी
पिता के हाथों की पकड़
भाई की नफ़रत
जब तक रुक नहीं गई
एक एक हिचकी उसकी
वे दबाते रहे उसकी गर्दन
कि उसने प्रेम करने की हिमाक़त की थी

मुरझाई बेल की तरह
जब लुढ़क गया उसका शरीर
रात के अँधेरे में ही ले गए
बोरी में बाँध कर उसे
और छिड़क कर मिट्टी का तेल
जला दिए सारे निशान उसकी पहचान के

प्यार में लड़कियों को जीवन तो दूर
इज़्ज़त की मौत भी नहीं मिलती
कूड़े की तरह
वे किसी भी घूरे पर फेंक दी जाती हैं

उनके मुक़दमे
अदालतों में नहीं जाते
कोई बहस नहीं होती
सीधे फ़ैसले होते हैं।

ममत्व

नींद में
आँखें मलता
उँगलियों से राह टटोलता बच्चा
सीधा माँ की गोद में समा गया
उसने उसे दुलारा
पुचकारा
और अपनी साँसों से उढ़ा लिया
फिर देर तक
उसे ऐसे सूँघती रही जैसे फूलों का गुच्छा।

स्वाद

माँ के हाथ का खाना
हमें स्वादिष्ट लगता है
और माँ को अपनी माँ के हाथ का

माँ जब भी कुछ ख़ास बनाती है
नानी की याद
जैसे कड़ाही में उतर आती है
छुन छुन करते मसाले
उससे बतियाते हैं
बचपन की कोई महक
उसे बाँहों में घेर लेती है

महक का झोंका कभी-कभी इतना गाढ़ा होता है
कि माँ उसी में खो जाती है

सिर्फ़ स्वाद बचता है
माँ या उनकी माँ या उनकी भी माँ
न जाने कितने हाथों का स्वाद।

बातें

काम से लौटी सहेलियाँ
बर्तनों सी खनक रही हैं

पन्द्रह सोलह की उम्र
अचरज से भरी होती हैं
जितना कहती हैं
कहीं ज़्यादा दाँतों से पीस देती हैं
हर इशारा
महकती आँखों में भींच लेती हैं

सुनाई देता है बस
अरी वो ऐसा है अरी वो वैसा है।

मिर्चें

चरपरे रंग लेते हैं जन्म
मिर्च की चरपरी आँखों में
और फूटते हैं सोते स्वाद के
मन की उदास गाँठों में

रंगों का विस्फोट हैं मिर्चें
मिट्टी की प्रिय रचना
जिनके रंगों से होते हैं पूरे ख़्वाब मिट्टी के

बड़ी नटखट होती हैं वे
सोख लेती हैं सूरज का सारा ताप
और रचती रहती हैं नए नए रंग
कभी पीली तो कभी हो जाती हैं सुर्ख लाल
जैसे दर्द का कोई लाल डोरा
सुलगता है बेबस आँखों में

एकान्त में पड़ी-पड़ी सूखतीं
ऐंठी हुई मिलती हैं मिर्चें कई बार
कभी जड़ों से उखाड़ उलटा लटका दी जाती हैं
सूखने के लिए
झुर्रियाँ ढक लेती हैं उनके चेहरे
जीवन के सवालों में उलझीं

जूझती रहती हैं वे समाज के बेस्वाद जवाबों से

स्त्रियों मज़दूरों का अजीब रिश्ता है मिर्चों से
स्त्रियाँ जैसे शाश्वत मज़दूर
पृथ्वी की बिछुड़ी हुई बहनें
दिन-रात भटकना ही लिखा हो नियति में जैसे

सूखकर जब खड़र खड़र बजने लगती हैं
खल्लड़ों में कुटने लगती हैं
बुरादा बन जाती हैं जब
डब्बों में भर ली जाती हैं
पिस कर भी मगर अपना सत्त्व नहीं खोतीं मिर्चें
उनके तीखेपन को देख लगता है
जैसे कोई चोट
कोई नाराज़गी बैठी है कुंडली मार
सदियों से उनकी आत्मा में

मर्तबान में भर कर रखती हैं स्त्रियाँ मिर्च का अचार
कई बार कुछ और नहीं होता उनके पास
उसी से खाती हैं वे खुर्री रोटियाँ

खाना जैसे मकसद ना हो
जीभ पर लगानी हो मिर्च की ठंडक

वैज्ञानिकों के बताने से बहुत पहले जान गई थीं स्त्रियाँ
मिर्च में छुपी दर्द काटने की बूटी
कहने से कटता है दर्द
इसलिए लगातार कहती हैं स्त्रियाँ टीस अपने मन की
जैसे पीस रही हों नसें दर्द की

मिर्चों को आहिस्ता चबातीं
बतियाती सी लगती हैं
न जाने किन गाँठों को खोलती हुईं
चुपचाप आँसुओं का नमक बटोरती हुईं
कुछ अपनी कहतीं कुछ मिर्चों की सुनतीं
मन हल्का करतीं कलेजे में ठंडक भरती हुईं

मानव सभ्यता के शुरू में ही दिखती हैं मिर्चें
इंसानी बस्तियों में घूमती हुईं
कोई ख़ास मौसम नहीं चाहतीं
कोई ख़ास जमीं भी नहीं
सर्दी गर्मी बारिश
किसी भी मौसम में निकल आते हैं कुल्ले
मुस्कुराते हुए
वे ज़्यादा नमीं से बचती हैं
बस थोड़ी छाँव चाहिए शुरुआत में उन्हें

सूखे इलाक़ों का प्रेम का रिश्ता है मिर्चों से
ज़ुबाँ ज़्यादा सुरीली ज़्यादा मीठी हो जाती है उनकी महक से
सारे दर्द दाँतों में दबाए
मरहम सी उठती है बेगम अख़्तर की आवाज़
रेतीली बादियों से
बाबुल मोरा, नैहर छूटा ही जाए
और भटकती फिरती हैं लहरें
रेत के टीलों पर
खुलकर
मीरा के पाँवों से।

सबक़

वह रोज़ पीता है
कुछ शराब में
ज़्यादा सट्टे में उड़ा देता है

क़र्ज़ बढ़ रहा है
साथ ही दरवाज़े पर क़र्ज़दारों का पहरा
ज़िम्मा
अब बीवी पर है कि कर्ज़ कैसे उतारे

हवा के इशारे
समझ रही है वह
मगर ख़ुद को समझा नहीं पा रही

आदमी के अपराध
औरत की भेंट चाहते हैं
यह सबक़
वह पिट पिट कर सीख रही है।

टीस

घर की समस्याएँ हैं
यह कहते-कहते आँसुओं ने आँखें घेर लीं
जैसे शब्द ना काफ़ी थे
जैसे आँसू दुखों के शब्द थे
क्योंकि शब्द इतने चुटीले थे
कि आँसुओं में बह कर ही बाहर निकल सकते थे
शब्द गिरते रहे जैसे नीम की छाल से
चाकू की मार के बाद बहता हुआ चैप

पापा बहुत शराब पीने लगे हैं
कोई काम नहीं करते
उलटा पैसे माँगते हैं
क़र्ज़ लेकर पी लेते हैं
क़र्ज़ में माँ के सब गहने बिक गए

गाली गलौज मारपीट
सारा दिन हुड़दंग करते हैं
एक महीने से घर ही नहीं आए
डर लगता है बहुत कमज़ोर हो गए हैं
घर का किराया भी नहीं हो पा रहा था
तीन महीने से मैं कुछ काम कर रही थी

इसलिए कॉलेज नहीं आ पाई
अब हम नानी के घर आ गए हैं

विदा होने के सालों बाद भी
लड़कियों की डोलियाँ कई बार
टीस लिये पीहर लौट आती हैं
उनके अपने घर स्थगित ही रहते हैं ज़्यादातर
माँओं के भीगे पल्लुओं में
बेलों की तरह टँक जाती हैं लड़कियाँ
पूरी धूप पानी के बग़ैर
पेड़ नहीं बन पातीं लड़कियाँ।

विश्वास

झगड़ने के बाद
वह अक्सर कहती है

यूँ ही मना लिया करो
अच्छा लगता है
कोई है
जिसके साथ मैं मैं होती हूँ
कुछ छुपाना नहीं पड़ता
जो जी में है
कह लेती हूँ
शायद इसीलिए
लड़ लेती हूँ।

चेहरों की नुमाइश

(आसिफ़ा के लिए)

निकल आया है चाँद
टिमटिमाते तारों के साथ
काले आसमाँ को रोशन करने
और गा रहे हैं बच्चे
चन्दा मामा दूर के
पूए पकाए बूर के
उदास गलियों में खिलखिलाते हुए

अनगिनत आवाज़ों में
कम है आज एक आवाज़
मगर ख़ुश है चन्दा मामा

बच्चों के चेहरों पर
उतर रही है रात
मगर दमक रहा है चन्दा मामा

चीख़ों में गुम हो रहे हैं बच्चे
मगर गुनगुना रहा है चन्दा मामा

क़ब्रों में गिर रहे हैं बच्चे
मगर चढ़ रहा है चन्दा मामा
ऊपर क़ब्रों के
पीले चेहरों की नुमाइश सजाने के लिए।

आख़िरी इच्छा

गाँव ले जाना
शहर में मत जलाना
खेत की मेंड़ पर रख देना
मेरी चिता
जहाँ कलेवा करते थे
तुम्हारे पिता

नहीं, गंगा में नहीं
राख कुलावे में बुरक देना
मुझे सरसों भाती है
मुझे खेत में सुला देना।

छुट्टियाँ

बच्चे बीमार होते हैं
छुट्टियाँ मैं लेती हूँ
माँ जो हूँ

उनकी परीक्षाएँ होती हैं
छुट्टियाँ मैं लेती हूँ
माँ जो हूँ

पति की छुट्टियाँ होती हैं
वह घर पर होते हैं
छुट्टियाँ मैं लेती हूँ
पत्नी जो हूँ

मुझे बीमार होने का हक़ नहीं
थकने का हक़ नहीं
थककर कहने का हक़ नहीं
मेरे पास मेरे लिए कोई छुट्टी नहीं

मेरी छुट्टियाँ
घर छीन लेता है।

छाँव

स्त्रियाँ इकट्ठा हुईं
कुछ पेड़ लगाए
और हँसते हुए बोलीं
ये पेड़ सुन्दर और आकर्षक होंगे
ये चुप नहीं बैठेंगे
थोड़ा बातूनी होंगे
और सारे आदमी
इनकी छाँव में बैठने को उत्सुक होंगे

ये कहकर
वे खिलखिलाती हुई चली गईं
उनकी हँसी में पेड़ देर तक हिलते रहे।

क्या करूँ

बूढ़ी हो गई हूँ
काम नहीं कर पाती
लड़के मारते हैं
कहते हैं
मैं पागल़ हो गई हूँ, क्या करूँ

पति मरे
तो रिश्ते भी मर गए
मार खाकर
मैं चली आई
अब पैर नहीं चलते, क्या करूँ

दो लड़कियाँ हैं
तीन लड़के
पेट से निकल कर
पेट में नहीं जा सकते, क्या करूँ।

नियम

गाँव से दूर खेत में
एक लड़का
लड़की की माँग भरता है
लड़की ख़ामोश है
सहमी-सहमी
सब देखती रहती है

माँग भरते ही
लड़की झुक कर लड़के के पैर छूती है
जो रिश्ता बराबरी का था
संस्कार की बन्दूक़ उसे डस लेती है

शादी होते ही
प्यार की पगडंडी मिट जाती है
पत्नी
पति के क़दमों में रहने के नियम
सीख जाती है।

जीवन

अम्मा, बूढ़ी हो गई हो
काम करना अब बन्द कर दो

कर तो दूँ बेटा
पर पेट बूढ़ा नहीं होता।

आजीवन कारावास

आँसू तक छोड़ जाते हैं साथ
इन लड़कियों का
कभी-कभी लौटते हैं वे
सूख गए घावों को छेड़ने के लिए
धोखा जब स्थायी भाव हो ज़िन्दगी का
तब आँसुओं से कैसी शिकायत कैसा शिकवा

लोग क़समें उठाते हैं
और जब थक जाते हैं
क़समों को रख कर चले जाते हैं
ये रास्ते वे हैं
जो आगे चल रुकते नहीं हैं
बीमार हो मर जाते हैं
नए रास्ते यहाँ कभी पनपते ही नहीं
रेत में उड़ गए हों जैसे पैरों के निशाँ सभी

प्यार में धकेली जाती हैं लड़कियाँ
सियाह सीढ़ियों से
पूरी ज़िन्दगी फिर, करती हैं वे इन्तज़ार
साफ़ हवा में साँस के लिए

ऐसा नहीं कि वे नहीं होतीं ग़लत कई बार
मगर बेचती नहीं हैं वे किसी को इस तरह भरे बाज़ार

प्यार की निशानियाँ
सालती हैं सारी ज़िन्दगी
बच्चे होते तो हैं
मगर ऐसे जैसे खिसक गए हों
एक गर्भ से दूसरे गर्भ में शरीर
उनके बच्चे कभी पैदा होते ही नहीं
कोई नहीं देखता इन्हें पार्कों मैदानों स्कूलों में कभी

न जाने देखे थे कितने ख़्वाब
एक दुनिया बसाने के
मगर बरौनियों के स्पर्श से ही खुल गई उनकी सोवन
प्यार मोहब्बत शादी की हक़ीक़त दिखाते हुए

शादियों के मकाँ जब ढहते हैं
हड्डियाँ पीस देते हैं
तब कफ़न में लिपटी घूमती हैं वे
ज़िन्दा खोल सी
जिन पर टाँक जाते हैं लोग
ओछे अश्लील इशारों की फ़ेहरिस्त
कि हर अन्दाज़ के रेट होते हैं
और हर रेट की क़ीमत चुकानी पड़ती है उन्हें
दलालों और आंटियों के बेरहम जबड़े
निवालों-सा पीसते हैं उन्हें

पतझड़ हमेशा हरा रहता है यहाँ
नए-नए पेड़ों से गिरते हैं वसन्त के गीत
कराहते हुए

तहख़ानों की उधड़ी दीवारें
उनके बदन हैं

जहाँ महसूस नहीं होती अब कोई बात
कि मंडियाँ हैं सब तरफ़
और बिक रही हैं वे
बोलियों में नत्थी सामानों की तरह
ऐसा सामान
जिसे घर नहीं ले जाता कोई ख़रीदार
छोड़ जाता है वहीं
उरेही पहचानों की भूल-भुलैया में सिसकने के लिए

और वह काम जिसमें जलती हैं वे
चिता की लकड़ी सी
किसी को बता भी नहीं सकती हैं उसे

गुस्सा आता है
बहुत आता है मगर किससे कहें
कि किस पर आता है और क्यों
जिसने पैदा किया उसी ने बेच दिया
अन्दर ही अन्दर उबलती रहती हैं साँसें
और निचोड़ते रहते हैं बाहर
सैकड़ों हाथ
पुर्ज़ा-पुर्ज़ा करने के लिए

दुनिया की सबसे प्राचीन और विशाल जेलें हैं ये
यहाँ पंखों की उड़ान तो क्या
ख़्वाबों की उड़ानें भी तोड़ देती हैं दम
यहाँ बिन पहरे भी नहीं भाग सकता है कोई
कि हर क़ैदी भोगता है यहाँ
आजीवन कारावास
मौत के बाद भी यहाँ मुक्ति नहीं मिलती

कभी अज़ानें तो कभी मन्दिर की घंटियाँ
झाँकती हैं रोशनदानों से
सदियों पुराने आख्यान रटते हैं घिसे-पिटे राग
इंसानी क्रूरताओं के नामकरण के लिए
जिनके उच्चारण ढकेल देते हैं औरतों को
नशों की नसों में
कि होश में ये हैवानियत झेलना सम्भव ही नहीं

जहाँ से आते हैं गेहूँ-चावल-चना और दाल
लड़कियाँ आती हैं उन्हीं दूर-दूर के गाँवों से
बोरियों में भर
शहर की मंडियों के लिए
कि कोई क़ानून कोई पुलिस
कुछ नहीं है उनके लिए
क़ानून इतना अन्धा भी नहीं
कि उतार दे वह
धर्म और नैतिकता के चश्मे
बेबस औरतों की चीख़ें सुनने के लिए।

मरुस्थल

आदमी इस करवट है
औरत उस करवट

बीच में
मरुस्थल है

हज़ार साल से
जहाँ
बारिश नहीं हुई।

हाल-चाल

तुम्हारे मोहल्ले में गया था
किसी काम से आज
तुम नहीं दिखीं
तुम्हारे अहाते में झूमते नीम दिखे

मुझे देख
बाउंड्री पर आ बैठीं
कुछ डालियाँ लचकती हुईं
मैंने उन्हीं से
तुम्हारा हाल-चाल लिया
अपना कहा
और नीम के फूलों सा महकता
मैं चला आया।

मैट्रो में प्रेम

जैसे जैसे बढ़ती गई भीड़
वैसे वैसे मिलती गई जगह
उन्हें मिलने की
क़रीब आने में
अब नहीं थी कोई दिक़्क़त

साँसें मिल रही थीं साँसों से
नज़रें गुँथी थीं नज़रों से
बदन बदन नहीं थे
ख़ुशबू थे
बागीचे में हँसते
फूलों से महकते हुए
लोग लोग नहीं थे
पेड़ थे
कुछ न देखते, कुछ न सुनते हुए।

तुम्हारा चेहरा

ढूँढ़ता हूँ मैं
तुम्हारा चेहरा
ढूँढ़ते हैं
अँधेरे में जैसे
पैर अपनी ज़मीं।

गुलमोहर

तपती धरती पर
खिल गया है गुलमोहर

हरी हरी पत्तियों में
उग आया है जैसे
ज्वालामुखी
शीतल होकर

दूर दूर से आए हैं परिन्दे
रंगों की दावत पे
शाख़ों से लटकी हैं
चिड़ियाँ
जैसे तुम्हारी चुन्नी के फुन्दे

चिड़ियाँ बोलती हैं
तो तुम्हारे होने की आहट होती है।

कप

चाय से
या तुम्हारे साथ से
किससे जुड़ा है कप

चाय को छोड़ कुछ पियो
तो स्वाद नहीं आता
और अगर तुम न हो
तो मैं चाय नहीं पीता

कपों का यह जोड़ा
अदलता बदलता रहता है
हमारे बीच

कभी जब महक उठती है चाय
मैं समझ जाता हूँ
कल तुम्हारे हाथों में था
मेरा कप।

ढाबा

वैसे ही बह रही है हवा
जैसे बहती थी
कहीं न जाने की चाल से बँधी हुई

अलसाया सा पड़ा है सूरज
औंधे मुँह
चटाई पर धुन्ध की

चिड़ियाँ डूबी हैं
दिनभर की गहरी गुफ़्तगू में
धीरे धीरे खोल रही है चाय
अपनी गठरी के रंग
छुन छुन गुमक रहे हैं पराँठे
कुत्ते निभा रहे हैं भौंकने का आदिम दस्तूर
पत्थर सोए हैं बेसुध नींद में अब तक
झाड़ियाँ उगी हैं जैसे मन की उदास बातें
अपनी अपनी कहानियों में खोए हैं
यहाँ वहाँ बैठे सब लोग

पूरी तरह आबाद है ढ़ता
जीवन की चुस्कियों में

एक तुम ही नहीं हो बस
ख़ाली और उदास है तुम्हारी कुर्सी।

स्थायी भाव

क्या चाहता हूँ
क्या कहता हूँ
सोच कर हैरान होता हूँ

तुम आस पास होती हो
तो उलझ जाते हैं
दिमाग़ के सारे तार

दूरदर्शन के पुराने दिनों की तरह
कँपकँपाती रहती है तस्वीर
खरखराती रहती है आवाज़

मैं बार-बार भागता हूँ
छत पर लगे एंटीना का
ज़ाविया दुरुस्त करने के लिए
मगर गड़बड़ पुराने टीवी में है
डब्बा हो गया है मेरा दिमाग़

डब्बे जानते हैं सिर्फ़
घड़ घड़
घुड़ घुड़

घिर्र घिर्र
चीं चीं
चें चें ही है
उनका स्थायी भाव।

तुम्हारा आना

काजल की मेड़ से
ऐसे उठती हैं दो आँखें
अचक अचक उचकता है जैसे सूरज
रात की फ़सील से
जैसे इश्क़ के गुलाल में सराबोर
कोई हुरियारा
होली की धमाचौकड़ी से दूर
ढूँढ़ता है किसी का अक्स
छत की मुँडेर से

तुम आती हो
तो ख़ुद ब ख़ुद
चली आती है रोशनी
दिन होने को मचलने लगता है।

ज़िन्दगी

कुछ न करना
न करने को करना समझना

तुम्हारे क़दमों की लय के संगीत को सुनना

कुछ न बोलना
न बोलने को बोलना समझना

तुम आस पास हो
इस ख़ुशी से भरे रहना

बस,
इतनी सी चाहिए ज़िन्दगी
और कुछ नहीं।

इस साल आना

कई बार
शब्द सही नहीं लिख पाता
हिज्जे ग़लत हो जाते हैं
अंग्रेज़ी में अक्सर होता है
हिन्दी में भी वे गच्चा दे जाते हैं

फिर भी
जब कविता लिखता हूँ
कितने ही भूले बिसरे शब्द
अपने आप चले आते हैं
मैं हैरान होता हूँ
हम कभी कहीं शब्दों की तरह नहीं जाते
बुलाने पर भी
गच्चा दे जाते हैं

हो सके तो
इस साल आना
शब्दों की तरह कविता में बस जाना।

तुम्हारा नाम

पेड़ की फुनगियों को गुलेल बना
अभी-अभी जो उछाला है
क्या तुम तक पहुँच गया
वह चाँद

देखना
उसकी आँखों में
आसमाँ के रंगों से
तुम्हारा नाम लिखा है।

जब तुम होतीं हो

तुम्हारा ज़िक्र आता है तो
भाषा में
चमक आ जाती है

शब्द दौड़ने लगते हैं
पंक्तियों की चाल बदल जाती है।

शब्दों में जब तुम होती हो
एक एक शब्द में
कविता भर जाती है।

मौन

वे सन्देश भेजते हैं
बात नहीं करते
ऐसा नहीं
बात करना नहीं चाहते

आपस में कोई लड़ाई नहीं
बस,
मौन चाहते हैं
कुछ देर

शरीर आवाज़ों से थक गए हैं।

बाईपास

मेरे शहर की राह
जो तेरे शहर से गुज़रती थी
एक बाईपास बन गया है वहाँ
जैसे चाँद की एक खाँप
दराँती से कटी हुई

तख़्तियों पर टँगा तुम्हारा शहर
कँपकँपाता रहता है हर वक़्त
बहुत तेज़ गुज़रती हैं अब गाड़ियाँ
पलक झपकते ही छूट जाता है पुराना शहर
छूट जाती हैं
पहचानी हुई जगहें
पहचाने हुए चेहरे
मिठाई की दुकानें
चाट के ठेले
सदियों का जमा सारा स्वाद
छूट जाता है

और वह तारा
तुम्हारी लौंग के मोती-सा टिमटिमाता
वह तारा भी
अब दिखाई नहीं देता
बाईपास में सब ओझल हो गया।

रंग

बात करते-करते
अचानक उसने कहा
मेरा पूर्व पति भी ऐसा ही था
उसे भी किताबों में रहना पसन्द था
वह कविताओं को फूलों की तरह सूँघता था

यह कहते कहते
वह जाने किस महक में खो गई
उसकी आवाज़ जैसे
नशे के एक भँवर में डूब गई

दूर होकर भी
कितना कुछ बच जाता है
कितना भी घिसो
आँखों में कुछ रंग रह जाता है।

महक

सुबह सुबह
जब अदरक कुटता है
भीतर ही भीतर
कुछ सँवरने लगता है
भगोने में खदबदाता पानी
बुदबुदाने लगता है
पत्तियों की महक में भीगे शब्द
पूछते हैं
पियोगे

मैं लड़खड़ाता सा कहता हूँ
हाँ,
थोड़ी-सी।

तुम आओ तो

घर
ज्यों का त्यों है
हर चीज़ वहीं है
जहाँ तुमने रखी थी

पता नहीं सब उजाड़ लग रहा है
जैसे कोई कभी यहाँ रहा ही नहीं

चन्द घंटे हुए हैं
तुम्हें घर से गए
और देखो
सारे रंग उतर गए

रंग
तुमसे बँधे हैं

तुम आओ
तो रंग आएँ।

अपनी आँखों से कहो

अपनी आँखों से कहो
बन्द रखें
हँसी के दरवाज़े

हँसी की सब चिड़ियाँ
उड़ उड़ कर
मेरे होंठों पर बैठी जाती हैं।

आसमान में टँगा चाँद

आसमान में टँगा चाँद
ऐसा है
जैसे तुम्हारी आँखों की पुतली
दोनों अँधेरे को रोशन करते हैं।

मैं हिन्दी हूँ

जब भी
कुछ कहना चाहता हूँ तुम्हें
शब्दों की एक डोर
बट लाती है हिन्दी

कि बहुत गहरे अँधेरे कुएँ से
अचक अचक
खींचता हूँ मैं
अनछुई अनकही रोशनी

और ज़रा नज़र बचा के
छुपा देता हूँ उसे
तुम्हारी मुस्कान में
कि देर तक महकती है फिर
तुम्हारी मुस्कान
मेरी मुस्कान में

मैं हिन्दी हूँ
और तुम उसकी वानी।

फ़िक्र

पार्क में लगे नल से
पानी की
एक एक बूँद गिर रही है
छोटी छोटी चिड़ियाँ आती हैं
और नल से लटक
गिरती बूँदों को उठा लेती हैं

नल अगर ठीक होता
तो पानी पर चिड़ियों का अधिकार
ख़त्म हो जाता
धूप में वे मारी मारी फिरतीं
प्यास से बेदम
उनका दम निकल जाता

इंसानों को न सही
चीज़ों को दुनिया की फ़िक्र है

चीज़ों का यूँ ख़राब होना
उनका ज़िन्दा होना है।

प्यास

बेटा गमलों में पानी नहीं लगा
आज बहुत गर्मी थी
पौधे प्यासे होंगे
जा पानी लगा आ

अब रात हो गई माँ
रात में पौधे सो जाते हैं
सुबह लगा दूँगा

प्यासों को नींद नहीं आती
जा पानी पिला आ
तर हो जाएँगे
तो चैन से सो जाएँगे
नहीं तो रात भर कुलबुलाएँगे।

चला गया

आँधी में एक पेड़ गिर गया
खिड़की के आगे
जहाँ धरती थी
वहाँ आकाश खुल गया

धूप तेज है अब
और बेरंग भी
धूप को जो रँगता था
वह रँगरेज चला गया।

मौसम

हवा चल रही है
और पत्तियाँ गिर रही हैं
धीरे धीरे डालियाँ ख़ाली हो रही हैं

मौसम बदलता है
तो जगहों से हमारा जुड़ाव बदल जाता है

ये वही पत्तियाँ हैं
जो तूफ़ानों में नहीं गिरतीं
शाखों के टूट कर गिर जाने पर भी
नहीं गिरतीं
यहाँ तक कि पेड़ों के गिर जाने पर भी
जुड़ी रहती हैं
छोड़कर नहीं जातीं
मगर मौसम का बदलना एक बला है

कोई रिश्ता ठंड बर्दाश्त नहीं कर पाता
इंसानों का हो
जानवरों का या पेड़ों का
ठंड गरमाहट छीन लेती है
रिश्ते की गोंद सुखा देती है

फिर वही होता है
जो पत्तियों के साथ हो रहा है
हवा के इशारे पर डालियों का बदन ख़ाली हो रहा है।

गिलहरियाँ

तान में तान बाँधे
गा रही हैं गिलहरियाँ
दूर क्षितिज में जैसे
चल रही हैं हथौड़ियाँ

कट कट कट कट
बोल रही हैं छेनियाँ
तड़के ही तोड़ डालती हैं
अँधेरे की दीवारें गिलहरियाँ।

घोंसले

तैरते तैरते
बादल
जब थक जाते हैं
देवदारों की शाखों पर उतर आते हैं

शाम तक
पूरा आसमान
घाटी में लौट आता है
और हरी चादर में लिपट कर सो जाता है

पहाड़ों पर
परिन्दे नहीं
बादल घोंसले बनाते हैं।

नदियाँ

यमुना लबालब बह रही है
मानसून के बादल आसमान से उतर
पेड़ों पर झूल रहे हैं
पहाड़ों की बूटियाँ
उसके चेहरे को निखार रही हैं

हिमालय की पहाड़ियों से फिसल
लहलहाते खेतों में
उतर आई है यमुना
और धान की गाढ़ी हरी हँसी हँस रही है

हरियाणा की मिट्टी ने
दिल्ली को थोड़ा हरियाणा बना दिया है
और दिल्ली ने आगरा को थोड़ा दिल्ली
ताज की छवियाँ अपने आँचल में समेटे
एक दिन गंगा हो जाएगी यमुना
फिर भी बहते रहेंगे
गाँव और शहर
झिलमिलाती लहरों पे मुस्कुराते रहेंगे असंख्य चेहरे

नदियाँ जगहों को और और जगहों की रंगत से भर देती हैं
निर्बल खेतों को पोषक तत्त्वों से साध लेती हैं

लोग उन्हें यूँ ही नहीं पूजते
वे माँएँ हैं
भूखे पेटों को निवाले सहेजती हैं

बंगाल तक पहुँचते-पहुँचते
एक बड़ा इलाक़ा नदी में उतर आएगा
देशभर की मिट्टी दूर तक फैल जाएगी
उसकी ख़ुशबू उसका ताप
कण-कण में समा जाएगा

नदियों में पानी ही नहीं
देश भी बहता है
बोलियाँ बहती हैं
गीत बहते हैं
ख़ुशियाँ बहती हैं
संगीत बहते हैं
नदियाँ पृथ्वी की बाँसुरियाँ हैं।

महफ़िलें

एक चिड़िया गाती है
तो फ़ौरन उठा लाती है दूसरी अपनी आवाज़

कोई और
शुरू हो जाती है दूर किसी कोने में
अपने गिटार के साथ

देर तक जमती हैं इन दिनों चिड़ियों की महफ़िलें
उन्हें टोकने वाला अब कोई नहीं

कोरोना ने
निकाल दी है मरोड़
बेसुरे भोंपुओं की।

लव जिहाद

मुँडेर पर बैठा
फ़ाख्ता
बे-झिझक
प्रेमिका को रिझा रहा है
उसके आगे गोल गोल नाच रहा है
सर झुकाए
पीछे पीछे डग मग चल रहा है

हर बार वह नज़र फेर लेती है
मगर वह हार नहीं मानता
गले में चाशनी उतार
प्रेम गीत गाने लगता है

शुक्र है
परिन्दों ने लव जिहाद नहीं सुना
वरना
फ़ाख्तों का यह जोड़ा
सुबह-सुबह बे-मौत मारा जाता।

फूल तारों के डाकिए हैं

एक पड़ोसी हैं
मुँह फेरे रहते हैं
दुआ सलाम का भी टोटा है

शाम को जब छत पर टहलता हूँ
उनके द्वार पर लगा हरसिंगार
फूलों से फूटने लगता है

महक की ऐसी कसक
कि नथुने छिक जाते हैं

सुबह जब फूल झड़ते हैं
तो लगता है
तारे झर रहे हैं
महकते हुए तारे
रात के इत्र में पग कर उतरते हैं

फूल तारों के डाकिए हैं
फूलों के रस्ते
तारे धरती को पैगाम भेजते हैं

मगर हमें पढ़ना नहीं आता
तारों की भाषा हम बचपन में ही भूल चुके
अब इंसानों की भाषा भूल रहे हैं

कितना अजीब है
पड़ोसी से नहीं
उनके पेड़ से मेरी बोलचाल है।

चिड़िया

ट्वीक ट्वीक
बोली चिड़िया
और हवा के ऑर्केस्ट्रा ने
छेड़ दिया पत्तियों का खड़र खड़र राग
डालियाँ लचकीं जैसे बिहु नृत्य में स्त्रियाँ
फूलों ने खोल दिए रसीले वक्ष

फुदकती रही चिड़िया
डुबोती रही रंगों की हँसी में अपनी कलम
गाती रही गीत
झूमता रहा कचनार
थिरकती रहीं हवा
बोलता रहा संगीत
ट्वीक ट्वीक।

बिल्लियाँ

समन्दर सी गहरी होती हैं उनकी आँखें
मुस्कराकर
मोती बना लेती हैं जिन्हें
वे वक़्त की तरह चलती हैं
बेआवाज़
मिसरी सी घुल जाती है उनकी मिआऊ
कान की स्मृतियों में

जब झपटती हैं वे
अपने शिकार पर
बिजली हो जाती हैं बिल्लियाँ
आसमाँ से गिरती हुईं।

कैसा दौर है

जो भी मिलता है
स्मृति के किसी रोशन टुकड़े में खोया मिलता है

'कितने अच्छे थे पुराने दिन'

इन दिनों
हर कोई
पुराने दिनों को याद करता है

कैसा दौर है
समय अचानक बूढ़ा हो गया है।

मुर्ग़ा बाँग देता है

कसाई के पिंजड़े में क़ैद मुर्ग़ा बाँग देता है
पिंजड़े में क़ैद मुर्ग़ा बाँग देता है
क़ैद मुर्ग़ा बाँग देता है
मुर्ग़ा बाँग देता है
दिन निकलने की ख़ुशी में
पूरी ताक़त और जोश से
मुर्ग़ा बाँग देता है
पिंजड़े में क़ैद
कसाई के पिंजड़े में क़ैद
कसाई के पिंजड़े में क़ैद मुर्ग़ा बाँग देता है।

लौटेगा

हज़ारों साल लगे
इज़राइल निर्वासन से लौट आया है
अब फिलिस्तीन हवा में है

एक दिन
वह भी लौटेगा
चाहे हज़ार साल लगें

दर्द का पहाड़
जब पूरा उठ जाता है
तभी दरकता है
कोई अन्याय अनन्त तक नहीं चलता
एक दिन थक कर बैठ जाता है
वक़्त की दीमक
बन्दूक़ों को खा जाती है।

चीख़

सूखने के बाद
उधड़ जाती है नदी
फटी सीवनों से झाँकने लगती है मृत्यु
भिंची दरारों में तड़पती रहती हैं प्यासी मछलियाँ
वीराने में कोई नहीं सुनता उनकी चीख़

घरों की राह ढूँढ़ते
बच्चों के तलवे चटक कर नदी हो गए हैं
पपड़ियाँ छिल रही हैं
सड़क ने छीन ली है सारी नमी
बहते ख़ून के क़तरे
सूख कर काले पड़ गए हैं
जिनमें मछलियों सी तड़प रही है बच्चों की हँसी।

जयकारा

गाय के सींग पर टँगा है
तुम्हारा जीवन
न जाने कब
उछाल दे
गर्दन के एक झटके में तुम्हें
और दूर हो जाओ तुम पृथ्वी के गुरुत्वाकर्षण से

फिर जो गिरोगे
तो उल्काओं की तरह गिरोगे
हवा में ही भस्म हो जाएगा तुम्हारा शरीर
माचिस की तीली सा चमकेगा
और भप्प!
राख भी नहीं बचेगी तुम्हारे वजूद की

इसलिए भइया लगाओ जयकारा
गइया मइया की जै
गइया मइया की जै
गइया मइया की जै।

साँप सीढ़ी

बचपन में हम साँप सीढ़ी खेलते
साँपों के इतना क़रीब होने से डरे रहते
और उनसे बचने की जुगत में कहते
कन्नी खुजाए, मेरी तक लग जाए
कन्नी खुजाए, मेरी तक लग जाए

इस तरह कभी-कभी हम साँपों से बच जाते
और एकाध सीढ़ी चढ़ जाते
जो रंग-बिरंगे खाने कूदती
जीवन में ऊपर चढ़ने का एहसास कराती
मगर अक्सर जो होता वो यह
कि जीत की हद में पहुँचते-पहुँचते
कोई साँप अचानक डस लेता
सारा सफ़र, सारा उत्साह, सब किया धरा
और पटक देता सियाह सुरंग में
जहाँ से दोबारा चढ़ना कई बार तोड़ डालता था

आज जब सोचता हूँ
तो सोचता हूँ कि दिखाई देते थे काग़ज़ पर बने हुए साँप
और कई बार लाँघ लेते थे गोटियों के पाँव
लपलपाती जीभों को
मगर यह किस तरह बड़े हुए हम

कि अब हमें साँप दिखाई नहीं देते
सिर्फ़ सुरंगें देती हैं दिखाई
और देता है सुनाई
हमारा धड़ाम धड़ाम गिरना
कराहना रोना
भाग्य को कोसना
न ही देती है सुनाई हँसी साँपों की
कि उछाल रहे हैं वे हमारी खोपड़ियाँ, गोटियों की तरह
और चढ़ रहे हैं सीढ़ियाँ
और सीढ़ियाँ चढ़ते चढ़ते ये साँप
साँपों से देवता हुए जाते हैं।

ताज़गी

जो सब्ज़ियाँ उगाते हैं
वे सब्ज़ियों की तरह ताज़ा नहीं दिखते

अपनी ताज़गी
वे प्रकृति को सौंप देते हैं
और जुते हुए खेतों की तरह
अगली फ़सल की तैयारी में जुट जाते हैं

ज़मीन पौधों को सींच लेती है
अपने बेटों को नहीं सींच पाती।

कबूतर

मस्जिद से उड़ उड़ कर
मन्दिर के कमूरों पर बैठ रहे हैं कबूतर

अपने पंखों में नमाज़ की आयतें भर
बिखेर रहे हैं उन्हें
भजनों के छन्दों पर
मन्दिर की घंटियों से घंटों बतियाते हैं
और भजनों के बोलों से
मस्जिद की सफ़ेद दीवारें रंग आते हैं

21वीं सदी में भी इन्हें
मन्दिर मस्जिद का फ़र्क़ नहीं आता
बेवक़ूफ़ों को
नमाज़ और भजन दोनों एक लगते हैं
कभी मस्जिद पर
कभी मन्दिर पर
अपनी गुटर गूँ करते रहते हैं

कोई इन्हें रोको
भगाओ
मारो
कम्बख़्त धर्मों को भ्रष्ट किए देते हैं।

भगत सिंह

जेलर लिखता है :
फाँसी विधिवत हुई
कोई गलती नहीं हुई
सब योजना के मुताबिक़ चला।

फाँसी के
एक घंटे तक
शरीर
वहीं झूलता रहा।
उतारा नहीं गया।
जब तक
डॉक्टर ने ठप्पा नहीं लगा दिया।

डॉक्टर जितना देख सकता था
उसने देखा
भगत सिंह ज़िन्दा हैं
यह डॉक्टर नहीं देख सका
डॉक्टर सिर्फ़ शरीर देख रहा था।

गणित

पाँच बीघा ज़मीन
पचास लाख की बिक सकती है
मगर वह बेचता नहीं
जाड़ों में हड्डियाँ गलाता है
गर्मियों में उन्हें तपा लेता है
बारिशें अमृत की तरह पीता है
और अपनी आँखों का वसन्त मिट्टी में बिखेर देता है

जोतना बोना सींचना काटना बेचना
सब करता है
फिर भी मज़दूरी तक नहीं निकलती
सूदखोर के आगे हाथ फैलाना पड़ता है
कभी कभी ख़ुद पर तरस खा
वह किसी पेड़ से झूल जाता है

वहीं किराये की दुकान में बैठा
पंसारी
कोई लाख रुपए का माल भर
थड़े पर बैठे बैठे ही
पाँच साल में
किरायेदार से मालिक बन जाता है

एक लाख से पाँच लाख की कमाई कैसे होती है
और पचास लाख
ठिठक कर एक लाख में कैसे बधिया हो जाता है
बाज़ार का यह गणित
किसान कभी नहीं समझ पाता।

कल तुम सुनोगे

कल तुम सुनोगे
लेकर भाग गया कोई देश

तुम हँसोगे
ख़बर की मूर्खता पर
उस दिन भी मगर
एहसास नहीं होगा तुम्हें
कि तुम नहीं थे कभी शामिल
इस देश में।

किसान आन्दोलन

पापा खेत बचाने गए हैं
बच्चे ने जोश से कहा

जीत कर आए तो क्या करोगे
फूलों का हार पहनाऊँगा

पुलिस की गोली लग गई तो

बच्चा थोड़ा हिचक गया
फिर बोला
तब भी
फूलों का हार पहनाऊँगा।

शीर्षासन

इन दिनों शान्त है मन
पत्थर की मूर्ति की तरह
अचल और अटल

इन दिनों
भूखे गिद्ध और बाज उतरते हैं
मेरे सर पर
और उठा कर ले जाते हैं
मासूम बच्चों को
कि घबराई सी भागती हैं माँएँ
पीछा करती हुईं
कि उड़े चले जाते हैं शिकारी
आसमानों की तरफ़
और चूँ चूँ करते बच्चों के पंखों से
टूट टूट कर गिरती हैं उड़ानें
सिसकियाँ भरती हुईं

और गड़ा हुआ हूँ मैं
शीर्षासन में
सर को ज़मीन में धँसाए
आँखों से निहारता
पैरों सिमटा आकाश

और उड़े चले जा रहे हैं
झुंड के झुंड गिद्धों के
खिलखिलाते हुए।

समय

गुंडों के हाथ में
कुछ भी हो
चाहे ईश्वर का नाम ही क्यों न हो
वे उसे इस तरह लहराते हैं
कि ईश्वर का नाम भी
हथियार बन जाता है
हिंसा और नफ़रत से भरा हुआ

यह समय
ईश्वर को गुंडों से बचाने का समय है।

शिकार

जंगल में जब कोई मरता है
उसे बचाने कोई नहीं आता
चिड़ियाँ गिलहरियाँ बन्दर ज़रूर चिचियाते हैं
हालाँकि उससे कुछ नहीं होता
शिकारी दौड़ा दौड़ा कर शिकार को मारते हैं

कितने ही जानवर
शिकारियों के पेट भरने का इन्तज़ार करते हैं
उनके जाते ही
शिकार पर टूट पड़ते हैं
और हड्डियाँ तक चाट जाते हैं

मनुष्यों में अब चिड़ियाँ और गिलहरियाँ भी नहीं रहीं
यहाँ कोई भी कहीं भी शिकार हो सकता है।

क़ैद

पहले लगता था
शहर के बाहर बनाई जाती हैं जेलें
जहाँ रखे जाते हैं दुर्दान्त अपराधी
चोर डकैत और हत्यारे
आधी उम्र बीत जाने के बाद मालूम हुआ
शहर भी बन सकता है जेल

शहर क्या
जंगल पहाड़ घाटी आकाश
गाँव देहात राज्य
सब जा सकते हैं जेल के भीतर
अपराधी की तरह

बच्चे हो सकते हैं अपराधी
वे भी
जिन्हें अभी जन्म लेना है
स्त्रियाँ तो होती ही हैं अपराधी
उन्हीं के बदनों पर उतरते हैं सारे युद्ध
क़ब्रें होती हैं अपराधी
सारा इतिहास बिगाड़ कर
कैसे सो सकती हैं वे चैन की नींद
न्याय क़ानून संविधान भी हो सकते हैं

अपराधी
किए जा सकते हैं क़ैद
बे-ज़ुबान परिन्दों की तरह

जो जेल के बाहर हैं
ख़ुद को आज़ाद समझते हैं
धर्म की धुन्ध में सलाखें दिखाई नहीं देतीं।

मज़दूरी की पाठशाला

त्योहार आते हैं
तो सुबह से ही चमकने लगती हैं
छोटे-छोटे बच्चों की आवाज़ें
कच्चे सुरों से
बजने लगती हैं बूढ़ी गलियों की किवाड़ें
'पत्ती ले लो पत्ती
फूल माला ले लो फूल माला
पत्ती ले लो पत्ती
फूल माला ले लो फूल माला'

गेंदे के पीले रंग
पीले चेहरों पर धूप से खिल जाते हैं
खेरीज गिनते छोटे छोटे हाथ
अदृश्य मालाओं में गुँथ जाते हैं

त्योहार आते हैं
तो बच्चे मज़दूरी सीख जाते हैं
दस बीस रुपए
उनका बचपन छीन ले जाते हैं

मज़दूर बनने की यह पहली स्टेज है
इंटर्नशिप इन लेबर

पहले उनकी झिझक छीनी जाती है
फिर हँसी
फिर मासूमियत
फिर जो भी है वह सब

रोज़ी रोटी की मायावी भूल-भुलैया में
उतार दिया जाता है उन्हें
बाहर जाने के जहाँ रास्ते ही नहीं
वे जीवन भर वहीं छटपटाते हैं
पहले आवाज़ लगाना सीखते हैं
फिर भाव करना
फिर गिड़गिड़ाना
और गिड़गिड़ाने के बाद कितना बचता है आदमी
चक्की के पाटों से बाँध दिए जाते हैं उनके पाँव
उनकी कच्ची आँखें
नहीं देख पातीं

दानों सा पिसता रेत होता बचपन
वे नहीं जान पाते
कि एक दिन
फूलों की तरह
तराजुओं पर तुल जाएँगे उनके सारे रंग
त्योहारों पर लटकी फूल मालाओं की तरह
चौखटों पर ही
सूख जाएगा सारा जीवन।

गणेश जी का दर्द

सुबह सुबह जब सैर पर निकलता हूँ
रास्ते में दिखते हैं गणेश
टेंट की दुकान पर
सामानों से घिरी ढकेल पर बैठे हुए
कुछ गुस्साए कुछ परेशान से

अब परेशान ना हों तो क्या हों
कुछ तो ख़याल करना ही चाहिए
रोज़ ही ले जाते हैं भक्त महफ़िलों में इन्हें
फिर पूरी रात गाना बजाना
डीजे पर नाचना
थक जाते हैं गणेश
ज़रा उम्र तो देखिए
फिर तमाम दूसरे झंझट
कहीं कुछ हो जाए उलटा सीधा
ये ही ठहराए जाते हैं कसूरवार सब जगह
ऊपर से एक पल का आराम नहीं
जीना दुश्वार कर दिया है भक्तों ने

कैसी होती है नींद
देखी नहीं है बरसों से
मगर क्या फ़ायदा

क्या रखा है इस सब में
कहें तो किससे कहें
सभी तो व्यस्त हैं देवता
शिव विवाहों और रास लीलाओं में
किसी के पास नहीं फ़ुर्सत किसी की सुनने की
इसीलिए परेशान रहते हैं गणेश जी
कि क्या हो समाधान
कैसे छुड़ाएँ जान
इस भगवान के काम से।

एडहॉक : 1

जब भी वो बच्चे का ख़्वाब देखती
एक अँधेरा घेर लेता उसे
वो तड़पती बेचैन रहती
कैलेंडर में बार बार छुट्टियाँ ढूँढ़ती
और ख़ुद बार बार को कोसती

एक दिन किसी संयोग से जब
एक साथ मिल गईं चार छुट्टियाँ
उसने तुरन्त डाक्टर से बात की
उसकी मजबूरी समझ
डाक्टर ने भी हाँ कह दी
और वो कॉलेज से सीधी हॉस्पिटल दौड़ गई

जानलेवा ऑपरेशन भी
उसे एक चीरा सा लगा
जब एक बड़ी सी मुस्कान काढ़े
उसका बच्चा उसकी गोद में आ गया

ऑपरेशन ज़रूरी था?
नहीं
फिर क्यूँ लिया इतना रिस्क?
छुट्टियाँ नहीं थीं

आप तो जानते हैं हमारी हालत
लोग ताक में रहते हैं
कि कब कोई एडहॉक
प्रेग्नेंसी के फन्दे में फँसे
और वे धर लें उसकी नौकरी
छुपा दें उसे मुट्ठी में
किसी अपने किसी नाते रिश्तेदार की

वो रिस्क नहीं ले सकती थी
क़दम क़दम पर टीस पीती
ठीक होने का खेल करती
पाँचवें दिन ही वो पहुँच गई कॉलेज
बिना सोचे कि क्या करेगी
खड़ी तक तो हो नहीं पा रही थी
कैसे लेगी क्लास
कैसे बोलेगी।

एडहॉक : 2

एडहॉक मतलब
जो सपने देखता है
जिसे सपनों से डर लगता है
जिसका दिल
हर चार महीने बाद
धड़कता धड़कता रुक जाता है
जो हर बात पर विश्वास कर लेता है
हर चेहरे में उम्मीद ढूँढ़ लेता है
जिसे विनम्रता घेरे रहती है
जो सबको ख़ुश रखता है
जिसकी ज़ुबान पर ग़ुस्सा लाचारी बन तैरता रहता है
जिसके कान इतने चौकन्ने हैं
कि आदेश आने से पहले ही सुन लेते हैं
और हाथ इतने दक्ष
कि हर काम कर लेते हैं
जिसकी आँखें ज़मीन पर ज़्यादा चलती हैं
आसमान पर कम
और पैर अपने ही निशानों को पी लेते हैं

वह शादी नहीं करता
शादी स्थायी होती है

हर स्थायी चीज़ उसे शक की निगाह से देखती है

वह हँसना टालता रहता है
बोलना टालता रहता है
जीना टालता रहता है
मरना टालता रहता है
माँ बाप से ऐसे मिलता है जैसे कोई अपराधी

लोगों ने खुरच खुरच कर
उसकी पसलियों पर लिख दिया है :
एडहॉक
ताकि वह साँस ले तो गिनती हो सके।

एडहॉक : 3

पत्नी रात-भर जागती है
उसे बार-बार छू कर देखती है
साँसें टटोलती है
उसने कुछ खा तो नहीं लिया
वह ज़िन्दा तो है
उसे हर वक़्त यही चिन्ता रहती है

उसे घर से नहीं निकलने देती
दिन भर समझाती है
नौकरी चली गई इसका उसे भी ग़म है
मगर परिवार को उसकी ज़रूरत है

वे कुछ भी कर लेंगे
मगर ज़िन्दा रहेंगे

चौदह साल उसने जहाँ पढ़ाया
जहाँ रोज़ जाता रहा
जिसके लिए सब कुछ भूल गया
उस विद्यालय पर आज उसका कोई हक़ नहीं रहा

एक हत्यारी लिस्ट ने
सब कुछ छीन लिया

एडहॉक एक सज़ा है
सूली पर लटकी कज़ा है।

एडहॉक : 4

बात करते-करते
अचानक उसकी आवाज़ बिखर गई
मगर उसने आँसू नहीं गिरने दिए
जर्जर सी आवाज़ में बोली
मैं रोऊँगी नहीं
कॉलेज के बाहर होती
तो आँसू नहीं रोक पाती
मगर सबके सामने
मैं कमज़ोर दिखना नहीं चाहती

पढ़ाते पढ़ाते दस साल हो गए
फिर भी अगले पल का पता नहीं
क्या होगा नहीं जानती
मैं जो कर सकती थी करती रही
जी तोड़ मेहनत की
यूनिवर्सिटी में अव्वल रही
मगर इतना काफ़ी नहीं
नौकरी पक्की होगी इसका कोई भरोसा नहीं

हर समय एक डर रहता है
किससे मिलूँ
किसके हाथ जोड़ूँ

किसके पास जाऊँ
फिर सोचती हूँ क्यों जाऊँ
हर समय एक ही सवाल कौंधता रहता है
सिस्टम इतना क्यों सड़ गया है

इसका जवाब सबके पास है
मगर एक चुप्पी है
डर है ख़ौफ़ है
इसी डर का नाम एडहॉक है।

एडहॉक : 5

जब नौकरी लगी
वह युवा थी
जब निकाली गई
तब अट्ठावन की

बीसियों बरस वह बच्चों को
साहित्य के आदर्श समझाती रही
नादान किताबों की दुनिया में समाई रही

आदर्श उनके लिए नहीं होते
जिनके पैर गीली ज़मीन में धँसे होते हैं
यह बात वह नहीं जानती थी

पति की मौत के बाद
नौकरी ही सहारा थी
मगर सिस्टम को
वह बोझ लग रही थी
वह क्या करती
सिसकियाँ समेटकर लौट गई

एडहॉक की आवाज़ नहीं होती
और सिसकियाँ चुनौती नहीं देतीं।

गेस्ट टीचर

कल से आपकी जगह क्लास कोई और लेगा।

यह साधारण वाक्य है
व्याकरण में इसे सकारात्मक कहते हैं
हालाँकि, इसमें कुछ सवाल छिपे हैं
जो दिखाई नहीं देते

मसलन,
अगली क्लास कब मिलेगी?
घर का किराया कैसे जाएगा?
बच्चों की फीस का क्या होगा?
दाल रोटी का जुगाड़ कैसे होगा?

सवाल और भी हैं
उन्हें रहने देते हैं
किसी को मारने के लिए
यही काफ़ी हैं

मतलब एक वाक्य
पैरों की ज़मीन छीन सकता है
आकाश में आग लगा सकता है
धकिया कर सड़क पर पटक सकता है

यह है गेस्ट टीचर
नाम जितना सकारात्मक
क़िस्मत उतनी ही नकारात्मक
दिन में भटकना लिखा है
रात में रोना और तड़पना।

गांधी

तुम ही नहीं मरे थे गांधी
उस गोली से
कोई और भी मरा था तुम्हारे साथ

वो जो निकले थे
ख़ून से लथपथ
तुम्हारे दिल से राम
उन्हें खा गया
जय श्रीराम।

स्मृति दिवस

गांधी
आज आपकी पुण्य तिथि है
वही दिन
जब आपके सीने में गोलियाँ धँस गई थीं

कितने दशक बीत गए
गोलियाँ वैसे ही चल रही हैं
सीने बदल रहे हैं
मगर हाथ वही हैं।

फ़ासला

हमने युद्ध नहीं बुद्ध दिए
और बुद्ध के अनुयायी
पीट पीट कर खदेड़ दिए

हमने गांधी दिए
और गांधी के हत्यारे
इत्मीनान से छुपा लिये

हमने वसुधैव कुटुंबकम् कहा
और लोगों को
जातियों में बाँट दिया
जातियाँ जहाँ हिंसा के
नए नए प्रयोग हुए

हमने कहा
अहिंसा परमो धर्मः
और धर्म हिंसा तथैव चः
को छुपा लिया।

आग

तारे हैं
तो कितनी सुन्दर है रात
जैसे जुगनुओं भरी हो टोकरी
और उड़ेल दे कोई
आसमाँ के चेहरे पर उसे

दूर से
कितनी सुन्दर नज़र आती हैं
चमकती जलती हुई चीज़ें
जब तक हम तक नहीं पहुँचती
सुन्दर लगती है आग।

जाति

मुझे उसकी सरलता नहीं दिखती
जाति दिख जाती है
मुझे उसकी मेहनत नहीं दिखती
जाति दिख जाती है
मुझे उसकी बुद्धि नहीं दिखती
जाति दिख जाती है

मैं उस तक पहुँचना चाहता हूँ
बीच में जाति आ जाती है

जाति तेरा नाश हो
तूने मेरी मनुष्यता का नाश किया है।

चौपाया

कभी-कभी
आदमी कुर्सी से चिपक जाता है
वह पैरों से नहीं
पायों से चलने लगता है
और देखते ही देखते
चौपाया हो जाता है।

बुलेट ट्रेन

गोली की माफिक चलती है
बुलेट ट्रेन
खोपड़ी में गोला बनाती
वह निकल जाती है बाहर
दनदनाते हुए

सोचने समझने के हमारे सारे यंत्र
उड़े चले जाते हैं
कूड़े कबाड़े की तरह
तूफ़ानी गति में कँपकँपाते हुए

बुलेट ट्रेन दिखाई नहीं देती
सिर्फ़ महसूस होती है
धड़धड़ाती हुई

उसमें बैठने वाले
पूरा देश नाप चुके
भाव लगा चुके
जंगल खदानों बस्तियों के

और हम हैं
कि देख रहे हैं राह
बुलेट ट्रेन की
हमारे स्टेशन पर रुकने की।

किसान

खेत में
मर रहा है किसान
दादा के लगाए नीम से लटक
नाती दे रहा है जान

फ़सल के दाम नहीं मिलते
लागत के पैसे नहीं निकलते
कभी पाला कभी ओले खा जाते हैं
पानी नहीं है खेत प्यासे मर जाते हैं

मंत्री जी यह कैसे कह देंगे
जनाब को जवाब देने पड़ेंगे
मौत के कारण बताने पड़ेंगे
कारणों पर अमल करने पड़ेंगे

इसलिए चुप रहिए
गृह कलेश का आरोप मढ़िए
और चलते बनिए

किसान मरता है
मरने दीजिए
मगर भाषणों में कमी मत करिए

किसान भगवान है
किसान अन्नदाता है
यह जाल
उछालते रहिए।

दीवारें

इसमें
तुम्हारा क्या कसूर
तुम्हारी बनावट ही ऐसी है

तुम्हारे भीतर दीवारें भरी हैं
सारा जीवन
विभाजन ही सिखाया गया है तुम्हें
नफ़रत की चाशनी में पगकर बड़ी हुई है तुम्हारी जवानी

तुम जब बोलते हो
तुम्हारे मुँह से
शब्दों की जगह ईंटें निकलती हैं
और उठती चली जाती हैं दीवारें अपने आप।

मज़दूर

जहाँ होते हैं
वहाँ से हो जाते हैं मज़दूर

खेत में होते हैं मिट्टी हो जाते हैं
सड़क पर होते हैं गिट्टी हो जाते हैं
खलिहान में होते हैं चारा हो जाते हैं
चक्की में होते हैं आटा हो जाते हैं

जहाँ भी जाते हैं वहीं घुल जाते हैं
उनकी पहचान के चिह्न मिट जाते हैं

खदान में होते हैं कोयला हो जाते हैं
फ़ैक्टरी में होते हैं धुआँ हो जाते हैं
नाले में होते हैं कीचड़ हो जाते हैं
भट्टी में होते हैं राख हो जाते हैं

जहाँ भी होते हैं
वहीं के हो जाते हैं मज़दूर

आग हवा पानी
मिट्टी में खो जाते हैं मज़दूर
दिखाई कहाँ देते हैं
पसीने के संग बह जाते हैं मज़दूर।

देखते जाइए

आलू पैदा तो खेत में होता है
मगर फलता फूलता
आढ़तियों के गोदामों में है

यह है विकास का असली मॉडल
जिसे पूरे देश में लागू होना है
देखते जाइए
अभी हर चीज़ को आलू होना है।

ग़रीब होना

ग़रीब होना
उन अपराधों को ढोना है
जो आपने नहीं किए
और आपको पता भी नहीं
कि आपने नहीं किए

ग़रीब होना
अपराध बोध में जिये जाना है
भाग्य को कोसना
चुपचाप सर झुकाना है

ग़रीब होना
अपराधी को न देख पाना है
देखकर नज़रें झुकाना
हाँ में हाँ मिलाना है।

हम चुप रहे

हमने देखा
किसी ने ऑक्सीजन लंगर लगाया
किसी ने घर घर खाना पहुँचाया
किसी ने महँगी कार बेच दी
किसी ने जमा पूँजी झोंक दी

कन्धा देने जब अपने नहीं आए
वे आए
राम नाम सत्य है की जोत जला
आख़िरी सफ़र पर सम्मान से ले गए

वे हर सड़क हर चौराहे पर थे
हताश कन्धों पर उनके हाथ थे
जो कुछ नहीं कर सके
वे प्लाज्मा दे रहे थे
बेदम बदनों में
दम भर रहे थे

उनके नाम अख़बारों में छप रहे थे
हमने पढ़े
मगर हम चुप रहे
क्योंकि वे
सतविन्दर जोगिन्दर जैकब जुनैद नूरी इमदाद थे।

हत्या

ज़रूरी नहीं
हत्या
तलवार से हो

अच्छी हत्याएँ दिमाग़ में होती हैं

कलम से की गई हत्याएँ
सबसे सुन्दर
साफ़ सुथरी
और दूरगामी होती हैं

उनमें खून नहीं गिरता
हाथ मैले नहीं होते
चेहरे खिले रहते हैं
मुस्कानें सजी रहती हैं।

डूबना

आदमी ऐसे डूब रहा है
जैसे पानी में पत्थर
डुब डुब
गुड़ुप!

यादों की तरंगों के सिवा
सब शून्य
फैलता गहराता लहराता हुआ शून्य!

रात

किसी न किसी भाषा में
किसी न किसी जगह
कोई न कोई
लिखता रहता है कविता
हर पल

कोई फूलों की बातें करता
कोई चाँद कोई सितारों की
और किसी के हाथ आती है सिर्फ़ रात
उजाला खाती
अँधेरा उगलती हुई।

किताबें

किताबों के बोझ से चरमरा रही हैं किताबें
बन्द अलमारियों में टूटी जा रही हैं उनकी साँसें
आओ उन्हें हाथों में बिठाएँ
एक एक सफा खोलें
हवा धूप दिखाएँ

मनुष्यों की चीज़ें
मनुष्यों की सोहबत चाहती हैं।

कविता

कुछ
बस, थोड़ा सा
बचाने की कोशिश है कविता

थोड़ा हौसला थोड़ी मायूसी
थोड़ा दर्द थोड़ी हँसी
कोई मलाल कोई सुबकी
कुछ शर्म कुछ हमदर्दी

एक नज़र
जो पत्थर से गुज़र सके
दीवार में एक झरोखा रख सके
झरोखा जो उठा लाए
चिड़ियों का चहकना
फूलों का महकना
बच्चों का गुमकना
जहाँ चुपचाप उमड़ आए कोई आँसू
फ़िक्रभरी आँखों में
थोड़ी नमी थोड़ी गरमी भर दे

उम्मीद की एक एक फाँक
धूप में फरैरी कर

महकते मसालों में लपेट
मर्तबानों में सहेजकर रखने का हुनर है कविता

जब कुछ न बचे
कुछ बचा रहे
थाली में रोटी का साथ निभाने के लिए।

अर्थ

कविताएँ पढ़नी चाहिए
पुरानी, बहुत पुरानी कविताएँ भी
ख़ुशबू से भरी होती हैं

पुरानी तो पुरानी हो जाती होंगी, पापा

नहीं, कविताएँ पुरानी नहीं होतीं
उनके अर्थ परिस्थितियाँ गढ़ती हैं
शब्द नहीं
नई परिस्थितियाँ
शब्दों में नए अर्थ उगा लेती हैं
इसलिए
कविताओं की क्यारियाँ हमेशा हरी रहती हैं।

बुनियाद

लगभग हर बात से असहमत
ज़्यादातर नाराज़
झगड़ा तक होता है पिता से

वह मेरी तरह क्यों नहीं सोचते
सोचता हूँ
हर बात दकियानूसी पुरानी घिसी हुई लगती है
हर बात से कटा रहता हूँ

खाने के अन्दाज़ से लेकर बात करने तक
पसन्द बहुत कम मिलती है हम दोनों की
तोरई लौकी टिंडा
ये भी कोई सब्ज़ियाँ है खाने की
कुर्ता पाजामा गमछा
ये पहचान नहीं नई पीढ़ी की

मगर कई बार
बात करते-करते
उनका अन्दाज़ जकड़ लेता है मेरी ज़ुबाँ
उनका पेट ख़राब रहता है
मेरा होने लगा है अब

गर्मियों में पानी साथ रखता हूँ
और सर्दियों में मफलर
गमछा शरमाता शरमाता
सिकुड़ आता है बैग के कोने में इधर-उधर

शीशे में झाँकतीं झुर्रियाँ
ढाल रही हैं मेरा चेहरा
ले जा रही हैं मुझे
थोड़ा और क़रीब पिता के
झुर्रियाँ जिनसे खाल थोड़ा खिंच आती है
जैसे ज़्यादा हो गई हो जगह
कुछ और सहेजने के लिए

कितनी उम्र तय करनी पड़ी
हैरान हूँ
अपनी बुनियाद समझने के लिए।

ईद

आसमाँ पर काढ़ी किसी ने मुस्कान
चाँदी सी चमकती हुई
और आँखों में उग आया चाँद
फिज़ाँ में छा गई ख़ुशी ईद की

रोज़ों से पिघल गया अँधेरा
जिस्म ने सोख लीं आयतें क़ुरान की
सब्र में धुलकर रूह पाक हुई
हवा में घुल गई महक अमन की।

इन्तज़ार

जिनका कोई इन्तज़ार नहीं करता
न घर
न व्यक्ति
न ख़्वाब
वे कहीं नहीं लौटते
रास्ते में गिर गए शब्दों की तरह
मौन में खो जाते हैं।

स्माइली

बड़ी मोहब्बत से घंटों सोचकर जो लिखा था सन्देश
एक स्माइली छिड़क दिया
दोस्त ने उसके ऊपर
मोबाइल फ़ैक्टरी में बना हुआ

अरे मियाँ
बुरा मान जाएँगे शब्द
हमारी बातों के लिए तुम्हें ये मुआ स्माइली ही मिला
सही से मुस्कराने का जिसने अभी ढंग तक नहीं सीखा

हर बात पर मुँह बिचका देता है
कभी दाँत तो कभी जीभ दिखा देता है
बेशऊर कहीं का
आँखें गोल मुँह फटा हुआ
न पलकें हैं न ठुड्डी
नाक का भी कुछ अता पता नहीं
ऐसे मुँह का आख़िर क्या करेगा कोई
ज़ुबाँ निकली है तो निकली है बाहर तक
अरे इसे लपेटो और रख लो मुँह के भीतर
अच्छे बच्चे यूँ जीभ नहीं दिखाते हर वक़्त
मक्खियाँ बैठ जाएँगी मिठाई का टुकड़ा समझकर

मगर इससे क्या कहें
यह कुछ नहीं सुनता
ढीठ है पूरा
कान हों तो सुने!
बहरा कहीं का!

अब तुम ही कहो
जो न सुनता है न बोलता है
एक सा चेहरा लिये खड़ा हो जाता है
वो कैसे कहेगा तुम्हारी बात
कैसे सुनेगा मेरी बात
बिना कहे बिना सुने
कैसे बचेगी कोई बात।

चाकू

जब आया था
बहुत तेज़ थी उसकी चाल
उसकी चमक से सहमी रहती थीं उँगलियाँ

हफ़्तों सहलातीं
वे उसी में ढली रहीं
और एक दिन
उँगलियों में ढलने लगा चाकू
हुनर ने पी लिया
उसका तेज़
उसका अक्खड़पन

पत्थर पर घिसना पड़ता है अब
उसे कई बार
तब जाकर खुलती है उसकी आवाज़
इतना चुप हो गया है चाकू
गृहस्थी की खटर पटर में।

परीक्षा कक्ष

सवालों से ख़ामोश हैं कुछ बच्चे
कुछ जवाबों से नाराज़
कुछ को काँटों सी चुभ रही हैं घड़ी की सुइयाँ
कुछ के हाथों से मेढक की तरह फिसल रहा है वक़्त
किसी का वक़्त छिपकली सा चढ़ गया है दीवार पर
और टकटकी बाँधे घूर रहा है उसे

उत्तरपुस्तिका में ही गिर गया है किसी का उत्तर
वह हैरान है
नज़रों से मछली की तरह खींच रहा है उसे
कुछ दार्शनिक हो गए हैं जैसे कि पेड़
पत्तियों की तरह फड़फड़ा रहे हैं कुछ
इस अनहोनी आँधी में

आज सब सबके दोस्त हैं
मदद की ज़रा सी उम्मीद से चमक उठते हैं बेरंग चेहरे
गर्दनें उचक कर कहीं भी पहुँच जाती हैं
आँखों ने ले लिया है कानों का काम
आवाज़ नहीं होंठों के हिलने से ही सुन ली जाती है बात
इशारे टहल रहे हैं जैसे सुबह की सैर पर निकले हुए पड़ोसी
काग़ज़ों पर सरपट दौड़ रहा है ज्ञान
किसी को प्यास लगती है

किसी की प्यास अटक गई है हलक़ में
किसी को पानी तक नहीं पच रहा है आज
न जाने कितने जवाब उठते हैं
और तोड़ देते हैं दम
यमराज सा खड़ा है शिक्षक
आँखें गड़ाए हुए।

माफ़ी

कुछ बातें
कहना चाहता हूँ मेरे बच्चे
मगर साहस नहीं होता

तुम जब छोटे थे
जोश से भरे थे
जी भर धमा चौकड़ी करते
अपनी हँसी से घर को गुदगुदाते रहते

मैं जब भी किसी बात पर नाराज़ होता
ग़ुस्से का फव्वारा
कभी कभी तुम्हारी तरफ़ मुड़ जाता

ग़ुस्से की बारिश में
तुम भीगते
ठिठुरते खड़े रहते
तुम बच्चे थे
विरोध तो क्या शिकायत भी नहीं कर सकते थे

कई बार तुम्हें बेवजह डाँटा
कई बार पीट दिया
वो उठा हुआ हाथ वो तनी हुई आवाज़

वो ग़ुस्सा वो झिड़की
तुम्हारे आँसुओं के अपराधी हैं

मैं क्या कहूँ मेरे बच्चे
हो सके तो मुझे माफ़ कर देना।

खेल

बचपन में मुझे गुलेल का शौक़ था
मैं जेब में कंकड़ भरे रहता
और निशाने की प्रैक्टिस किया करता

गुलेल से
पत्थर दस हाथों की ताक़त लेकर निकलता है
और निशाने को फोड़ डालता है

एक दिन मुँडेर पर एक चिड़िया गा रही थी
दोस्त ने कहा
निशाना लगा
मुझे मालूम था
मेरा निशाना अच्छा था
फिर भी मैंने कंकड़ रखा और रबड़ को तान दिया

कंकड़ उड़ा और चिड़िया के कंठ में समा गया
गीत धम्म सा नीचे गिर गया

वह मज़े के लिए की गई हत्या थी
जिसकी मुझे कोई सज़ा नहीं मिली।

इल्तिज़ा
(वसन्त जी के लिए)

अब फ़ोन नहीं आता आपका
मैं इन्तज़ार करता रहता हूँ
कई बार सोचता हूँ
मैं ही कर लूँ
नम्बर तो है
नाम भी सही है
जाने क्यों ठिठक जाती हैं उँगलियाँ
उँगलियाँ जानती हैं
जिसे अभी तक जान नहीं पाया है मन

ऐसा कैसे होता है
कोई यूँ ही चला जाता है
जाता है
तो चला क्यों नहीं जाता है

बेकार हैं समय की फाँकें
सब गड्डमड्ड है
इधर से उधर दौड़ती रहती हैं तस्वीरें
अतीत घुस गया है वर्तमान में
और वर्तमान निकलता ही नहीं
कम्बख़्त दुबका बैठा है कहीं

चुटकुले रह गए हैं बस
वे भी पूरे नहीं आते
शैतान हैं
आँख मिचौनी करते हैं और भाग जाते हैं
हाँ, हँसी है
सुरक्षित
मेरी भी, आपकी भी

निर्णय कभी नहीं सुनाए आपने
पक्ष रखे
वे पक्ष
सलाहें बन
चिपक गए हैं आँखों से
जैसे जीभ पर रास्ते में खाए छोलों का ज़ायक़ा

जो था बहुत था
शिकायतें थीं ही नहीं
किताब में आपकी
मैं भी नहीं करूँगा
एक इल्तिज़ा करूँगा बस
दोस्तों के पिटारे से
अपना सा कोई नाम हो
तो दे दो
कभी कभार जो याद कर लिया करे
हल्का फुल्का कोई चुटकुला उछाल दिया करे।

फेसबुक

जनाजा रखता हूँ
और डोली उठा के चल देता हूँ

एक साथ
एक साँस में
निबटा देता हूँ
दिन भर के सारे ज़रूरी काम

फेसबुक
तुमने कितना सक्षम बना दिया है मुझे।

रंगत

बेटी नहीं है
बेटे को नन्ही पुकारता हूँ
रानीगुड्डो
गुड़िया
चिड़िया
कई नामों से पुचकारता हूँ

नाम ही सही
थोड़ा बेटी उसमें बस रही है
आदमी की झूठी जकड़न
नज़र से टूट रही है

नामों की यह रंगत
अगर
बची रही
तो वह मनुष्य बन जाएगा।

जिन पर टाँग दें हम अपने पते

(भाई शम्भू यादव के लिए)

आवारा ख़्वाब उतरते हैं
उसकी आँखों में
और वो उनसे भी आवारा
बहता रहता है वक़्त की रफ़्तारों में

भूत भविष्य वर्तमान
सब जगह एक साथ
वक़्त की आँखों में आँखें डाले
छोड़ता रहता है सिगरेट के छल्ले
मिट्टी की ख़ुशबू की तरह
दुनिया भर की तमाम बातों में

वक़्त से भी ज़्यादा मनमौजी
वक़्त सा दोस्त
उसी सा खरा
उससे भी ज़्यादा गमगीन
आम लोगों की आम लड़ाइयों में लड़ता
पिटता
हाँफता
डटा हुआ
सबका अजीज

खिली धूप सा मुस्कराता
गले लगाता
आज के मुश्किल दौर में भी बड़ा मौलिक सवाल पूछता
'कैसा है भाई'
और फिर ऐसे घुल जाता फ़िक्र में
जैसे घुल जाती हैं झुर्रियाँ चेहरे में
बारीक़ से बारीक़ हँसी की
थाह लेती हुईं

ऐसे कितने हैं लोग हमारे आसपास
नरेश सक्सेना की ईंटों की तरह
अव्वल और तपे हुए
'कि सात ईंटें चुन लें तो जलतरंग बजने लगे'
ऐसी ईंटें जो घर बनाती हैं
जिनके बाहर
टाँग दें हम अपने पते
लिखकर
'घरौंदा'
निश्छल मुस्कराहट पर।

तलाश

सुबह आँखों तक आई
और बुझ गई
मैंने सहेजा ही नहीं

धूप कमरे तक आई
और लौट गई
मैंने बिठाया ही नहीं

हवा चेहरे तक आई
और सिमट गई
मैंने छुआ ही नहीं

ख़ुशबू आँगन तक आई
और मिट गई
मैंने सँजोया ही नहीं

चिड़िया दरवाज़े तक आई
और पलट गई
मैंने बुलाया ही नहीं

बारिश खिड़की तक आई
और बह गई

मैंने थामा ही नहीं

हँसी बातों तक आई
और झुलस गई
मैंने सींचा ही नहीं

आवाज़ दिल तक आई
और फिसल गई
मैंने सँभाला ही नहीं

चाँदनी छत तक आई
और गुम गई
मैंने चूमा ही नहीं

मैं मशग़ूल था
ज़िन्दगी तलाश रहा था।

साथ

कुछ चीज़ें तभी निकलती हैं
जब कोई आता है

उनकी चमक नई बनी रहती है
वे हाथों में नहीं
अलमारियों में रहती हैं
इसलिए उनका रहना याद नहीं रहता

रिश्तेदारों की तरह
वे अपनी तो होती हैं
लगती नहीं हैं
लगने में सालों लगते हैं
तब जाकर आलकस मिटते हैं

साथ रहने से साथ बनता है
लोग हों
या चीज़ें
जोड़ से जोड़ जुड़ता है।

कबाड़

कबाड़ी वाला
आवाज़ दे रहा है
'कबाड़ बेचो'
कबाड़ बहुत है
समझ नहीं आता
क्या-क्या दूँ
अहंकार नफ़रत ग़ुस्सा लालच
स्वार्थ मक्कारी झूठ फरेब आलस

कितना कुछ
सालों से सड़ रहा है
मगर किसे दूँ
कोई कबाड़ी यह कबाड़ नहीं लेता।

तीख़े शब्द

सबसे मीठी बातें
बिस्तर में होती हैं
जिनकी उम्र कभी नहीं घटती

वहाँ अजीब मौसम उतरते हैं
गर्मियाँ ठंडी होती हैं
और सर्दियाँ गरम
फूल कभी नहीं मुरझाते
बारिशें कभी नहीं थमतीं

हाँ, तीखे शब्द बिस्तर को जला देते हैं
और पलक झपकते ही
सारे मौसम राख हो जाते हैं।

सहारा

कोई परेशानी नहीं
थोड़ी कमज़ोरी है बस
पैर महसूस ही नहीं होते
सीढ़ियाँ चढ़ते हुए
आदतन बेटे का नाम निकल जाता है
अभी सात दिन ही हुए हैं उसे गए
कुछ दिन में यह आदत भी चली जाएगी
सब ठीक हो जाएगा

सहारा न दें तब भी
बच्चों के नाम
बेंत की तरह हाथों से चिपक जाते हैं
और पैरों की थरथराहट पी जाते हैं।

रसोई

सुबह-सुबह जब अदरक कूटा
तब एहसास हुआ
रसोई कितनी अशान्त जगह है
यहाँ हर वक़्त कुछ कटता पिटता रहता है
उबलता भुनता छिलता पिसता रहता है

कितनी क्रूर क्रियाएँ हैं ये भाषा की
मगर इन्हीं से चलता है जीवन
रसोई में एक युद्ध लड़ा जाता है
रसद हमेशा कम पड़ जाती है
साबुत कुछ नहीं बचता
सिवाय भूख के
सदियों की आदत और ज़रूरत
इस क्रूरता को ढक लेती है।

अधूरा

अधूरी किताबों का ढेर लगा है
कुछ पन्ने चलता हूँ
और थक कर बैठ जाता हूँ
मन भर जाता है
कहीं और जाने को बेचैन हो उठता हूँ

सैकड़ों कविताएँ अधूरी पड़ी हैं
कब से मंज़िल की बाट जोह रही हैं
पूरा कुछ भी नहीं
कई बार लगता है
अधूरा ही एक पूरा है इस जीवन में।